AF395733

ÉLOGE

DE

JEAN-JACQUES ROUSSEAU;

Par J. F. BILHON,

Chef de Bureau au Ministère des Finances.

Suum cuique decus posteritas rependit.

SECONDE. ÉDITION.

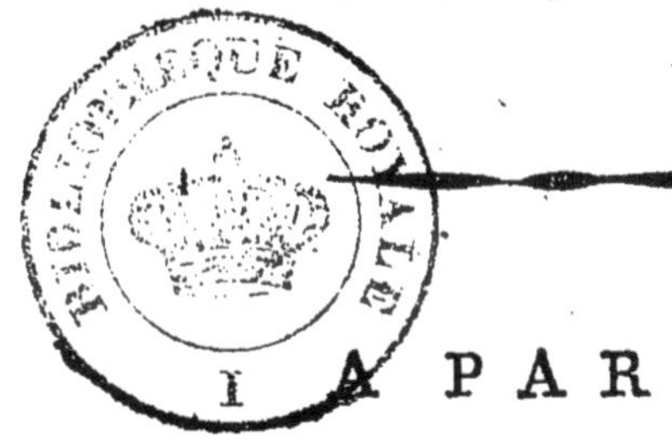

A PARIS,

De l'Imprimerie de Glisau.

Et se vend

Chez
{
BAILLY, Libraire, rue Honoré, près la barrière des Sergens ;
BACOT, Libraire, grande cour du Palais Égalité, en face du Corps-de-garde.
Les Marchands de Nouveautés.
}

AN VII.

Cet Eloge fut fait en 1788; mais la censure qu'on exerçoit alors sur tous les ouvrages de littérature m'empêcha de le publier en entier. L'homme de lettres, dont le Directeur de la librairie fit choix pour me juger, bâtona dix pages de mon manuscrit, sous le prétexte ridicule que J. J. avoit eu des *opinions désordonnées*; tout ce que j'alléguai en faveur du philosophe de Genêve fut inutile, il fallut passer par là.

Quelques personnes à qui j'ai eu occasion de raconter ce fait, m'ont engagé à faire imprimer mon ouvrage tel qu'il étoit avant cette censure; je m'y suis déterminé d'autant plus aisément que j'en avois conservé le manuscrit, auquel je n'ai fait aucun changement. J'y ai ajouté seulement quelques notes pour l'explication du texte. Mes occupations actuelles, auxquelles je suis entièrement livré, m'eussent rendu impossible toute espèce de nouveau travail sur cet objet.

ÉLOGE

DE

J. J. ROUSSEAU.

Développer les idées de l'homme célèbre qui écrivit contre les arts et les sciences, qui marqua le premier l'origine de l'inégalité parmi les hommes, qui jetta les fondemens du pacte social, qui fixa les vrais principes de l'économie politique, qui établit un nouveau mode d'éducation, qui s'éleva enfin contre tous les systêmes accrédités, est une tâche pénible et peut-être dangéreuse; d'autres y réussiront mieux sans doute, mais personne n'aura un sentiment d'admiration plus vrai, et ne rendra un hommage plus pur à la mémoire de ce philosophe.

Jean-Jacques Rousseau naquit à Genêve en 1712, d'Isaac Rousseau, horloger, et de Suzanne Bernard. Je ne dirai

A

rien de son enfance, elle fut celle de tous les enfans de la nature; il fut élevé jusqu'à l'âge de douze ans dans une république et sous les yeux d'un père qui joignoit aux connoissances de son art le goût de la bonne littérature. Les annales de Tacite et les vies illustres de Plutarque, exercèrent tour-à-tour l'imagination naissante du jeune Rousseau, et firent germer dans son cœur avec l'amour de la liberté, la haine pour la tyrannie qu'il conserva dans tous les temps, et qui le mirent au-dessus de tous les préjugés (1). Sa mémoire ne secondoit pas cependant le desir qu'il avoit de s'instruire; il étoit lent à penser, et cette foiblesse de con-

---

(1) Je devenois, dit Rousseau, le personnage dont je lisois la vie : « Le récit des traits de constance et d'intrépidité qui m'avoient frappé, me rendoit les yeux étincelans et la voix forte. Un jour que je racontois à table l'aventure de Scévola, on fut effrayé de me voir avancer et tenir la main sur un réchaud pour représenter son action. » Voy. ses Confess. T. I, L. I.

(3)

ception le fit regarder comme un enfant d'une médiocre espérance : ce fut une ressemblance qu'il eut avec Caton et Mallebranche, mais il eut de commun avec eux la manière de sentir et cette persévérance qui surmontent insensiblement tous les obstacles de la nature.

Cette éducation paternelle (1), à qui Rousseau fut redevable dans la suite de ses connoissances sur les passions humaines, fut interrompue par un évènement, dont l'influence s'étendit sur le reste de sa vie. Son père, obligé de s'expatrier pour une affaire d'honneur, le laissa sous la tutelle d'un oncle qui s'empressa de le mettre en apprentissage chez un graveur, homme extrêmement

-----

(1) L'éducation paternelle est sans contredit la meilleure des éducations, rarement un enfant élevé par un père probe, devient un mauvais sujet : Rousseau a bien senti cette vérité, lorsque dans son traité d'Éducation, il s'est donné un élève imaginaire ; cet ouvrage est la meilleure réponse aux objections de ceux qui veulent établir en France une éducation publique

A 2

dur et dont il ne put éviter la brutalité, qu'en prenant la fuite ; de-là ses liaisons particulières avec cette femme célèbre, dont il a préconisé les vertus et divulgué les foiblesses, de-là l'état de servitude dans lequel il fut réduit pour avoir du pain, de-là enfin tous les malheurs qui s'accumulèrent sur sa tête. Ah ! qu'il nous soit permis d'y jetter un voile : n'interrogeons pas la suprême intelligence, qui, en accablant la jeunesse de Rousseau, éleva son courage au-dessus des vicissitudes humaines et des dangers attachés à la défense de la vérité.

C'est de ce temps de misère et d'anxiété, que datent les premières pensées de ce philosophe. Né avec un esprit naturellement inquiet, il étudie les élémens de cet art divin, dont on ne connoît ni l'origine ni les limites (1),

____

(1) On ne connoît pas encore l'origine de la musique, tout ce qu'on sait, c'est que c'est le plus ancien des arts. En effet le tonnerre, le chant des

mais qui adoucit les mœurs des peuples les moins civilisés par les effets qu'il produit sur les sens ; il pénètre la profondeur du système de Rameau et parvient à la plus haute théorie de la musique. Cependant son enthousiasme pour elle ne lui fait point négliger les Fénelon, les Montesquieu, les Voltaire, les Buffon dont les écrits immortels lui font aimer la littérature française qu'il va bientôt enrichir lui-même par son éloquence mâle et sa vaste érudition.

Que Rousseau serve ici d'exemple à ceux qui seroient tentés de suivre sa carrière. Jeune homme, toi qui brûle du desir de fixer l'opinion de tes contemporains, écoute : ne te hâte pas d'entrer dans le monde littéraire, n'ambi-

---

oiseaux, le murmure des eaux ont dus faire naître les différens tons variés de la musique. Ses limites ne sont pas mieux connues, il ne faut pour s'en convaincre que jetter un coup d'œil sur les progrès de la musique depuis Lulli.

A 3

tionne pas une gloire éphémère, qui
pourroit faire un jour ta honte et tes
malheurs : avant de juger les hommes,
commence par te connoître, épie atten-
tivement la nature et laisse mûrir tes
talens précoces. Ce ne fut qu'à son hui-
tième lustre, que Rousseau prit la
plume, c'est-à-dire à l'âge où on croit
pouvoir la quitter parmi nous (1). L'académie de Dijon avoit proposé de déci-
der, si le rétablissement des arts et des
sciences, avoit servi à corrompre ou à
épurer les mœurs ; question difficile à
résoudre dans un siècle où les arts et les
sciences étoient portés au plus haut degré d'élévation. Ce fut en allant voir
Diderot, détenu alors à Vincennes, que
Rousseau en eut connoissance : à cette

____

(1) Ce ne fut qu'en 1750, que Rousseau se fit connoître comme littérateur. « Je me trouvai, dit-il, de-
» venu pour ainsi dire auteur à l'âge où l'on cesse de
» l'être, et homme de lettres par mon mépris même
» pour cet état. Dès-là je fus dans le public quelque
» chose, mais aussi le repos et les amis disparu-
» rent. » Voyez sa Lettre à l'archevêque de Paris.

lecture il devient un autre homme ; tel un volcan dont l'explosion subite semble mettre la nature en feu. L'imagination de Rousseau s'exalte, sa tête fermente, son génie trop long-temps comprimé s'embrâse, les vices de la terre se découvrent à ses yeux, et, plus hardi que Descartes (1), il se sent assez de moyens pour les réformer.

Il falloit un être au-dessus de l'intelligence humaine pour concevoir une entreprise aussi hardie et dont l'éxécution présentoit autant de difficultés. Rousseau n'en est point effrayé : ses réflexions le mènent d'abord, par une route nouvelle, dans un autre monde intellectuel, dont il ne peut sans délire envisager la simple et fière économie :

______

(1) Descartes sent que, pour se dépouiller des erreurs qu'il veut détruire, il faut renverser tout le système des sciences qu'il trouve établies : il n'ose point se permettre cette témérité, et le poids des âges et des siècles qui les rendoit alors respectables, semble en imposer à son imagination... Voy. Elog. de Réné Descartes par Thomas.

bientôt, à force de s'en occuper, il ne voit plus qu'erreur et folie dans les maximes des sages, et qu'oppression et misère dans l'ordre social; il peint d'abord avec des traits de flamme l'homme sortant du néant par ses propres efforts; et, s'élevant peu à peu aux connoissances humaines, et ce qui est plus difficile encore, rentrant en lui-même pour connoître sa nature, ses devoirs et sa fin; ainsi que les Platon et les Lycurgue, Il s'élève ensuite hardiment contre les sciences, dans lesquelles il croit découvrir une source éternelle de dispute, de jalousie, de mensonge, de calomnie, de haine, de faction et de guerre civile (1).

---

(1) Il ne s'ensuit pas de-là, dit Rousseau dans sa réponse au roi de Pologne, qu'il faille aujourd'hui brûler toutes les bibliotèques et détruire toutes les universités et les académies, nous ne ferions que replonger l'Europe dans la barbarie, et les mœurs n'y gagneroient rien. Il n'y a qu'un pas du savoir a l'ignorance, et l'alternative de l'un à l'autre est fréquente chez les nations; mais on n'a jamais vu de peuple, une fois corrompu, revenir à la vertu,

Il fortifie son opinion de celle de
Socrate, il évoque l'ombre de Fa-
bricius, et rend l'histoire tributaire
des vérités qu'il écrit : aux mœurs
des Egyptiens, des Grecs et des Ro-
mains, il oppose celles des Scythes,
des Germains et des Spartiates (1).
C'est de ces arts si long-temps célébrés
qu'il voit découler les richesses, le luxe,
la corruption des mœurs et l'esclavage,
suite inévitable de nos efforts orgueil-
leux, pour sortir de l'heureuse ignorance où la sagesse éternelle nous avoit
primitivement placés.

à moins de quelque grande révolution, presque
aussi à craindre que le mal qu'elle pourroit guérir
et qu'il est blâmable de desirer et impossible de prévoir.

(1) « O Sparte, s'écrie-t-il ! opprobre éternel d'une
« vaine doctrine ! tandis que les vices conduis par
» les beaux arts, s'introduisoient ensemble dans
» Athènes ; tandis qu'un tyran rassembloit avec tant
» de soin les ouvrages du prince des poëtes, tu chas-
» sois de tes murs les arts et les artistes, les sciences
» et les savans. » Voyez le discours sur les Sciences
et les Arts.

Le discours de Rousseau parut un paradoxe aux yeux des savans ordinaires (1) ; la nouveauté de ses idées, le coloris de ses tableaux, la beauté de ses périodes, la préférence éclatante qu'il donnoit à la vertu sur la science, et peut-être aussi le succès dont il fut couronné, lui attirèrent des réfutations de toutes parts. Un prince éclairé, joüet de la fortune, entouré d'hommes de lettres qui flattoient journellement son goût pour les sciences et les arts, ne dédaigna pas d'entrer en lice ; ce fut même celui qui lui fit les objections les plus spécieuses. La réponse du philosophe de Genêve, apprit, pour la première fois au public, comment un simple citoyen,

____

(1) Ce discours est encore aujourd'hui regardé par bien des gens, comme un paralogisme. Ce reproche pourroit avoir quelque fondement si Rousseau eut voulu prouver que les sciences par elle-mêmes corrompent les mœurs, mais c'est plutôt contre leurs abus qu'il s'est élevé, que contre les sciences dont on abuse beaucoup, dit-il, et dont on abusera toujours.

fort de sa conscience et de sa raison, pouvoit soutenir la cause de la vérité contre l'amour-propre d'un souverain.

A peine Rousseau est-il sorti victorieux de ce combat par la force de son éloquence, qu'il est appelé à des nouveaux lauriers dans un genre différent. La musique française et la musique italienne divisoient alors tous les esprits. Destiné à faire des révolutions dans les arts comme dans les mœurs, Rousseau se déclare contre la première ; il ne se contente pas de montrer au grand jour ses vices et sa nudité, il soutient que les français ne peuvent avoir de musique (1), et que si jamais ils en ont une,

____

(1) L'opinion de Rousseau est fondée, à cet égard, sur la sécheresse de la langue française. Je ne répéterai pas ce qu'il a dit pour prouver que cette langue, bien loin de prêter au génie de l'artiste, ne sert, au contraire, qu'à lui ôter la faculté d'exprimer facilement ce qu'il sent et dans l'ordre qu'il le sent. On peut consulter là-dessus les artistes, et ceux qui ont été à même d'entendre, soit en Allemagne, soit en Italie, les opéra de Saliéris et de Mozart.

ce sera tant pis pour eux ; mais de la même main dont il attaque la musique française, il élève un monument littéraire à la gloire de la mélodie italienne ; il met au jour un dictionnaire de musique (1), et crée le Devin du village; chef-d'œuvre de naïveté, poëme

---

(1) Ce dictionnaire n'est pas exempt de défauts, mais il renferme aussi des beautés sans nombre ; je ne puis me refuser au desir de transcrire ici l'article Génie.

« Ne cherche point, jeune artiste, ce que c'est
» que le génie. En as-tu ? tu le sens en toi-même.
» N'en as-tu pas, tu ne le connoîtras jamais. Le gé-
» nie du musicien soumet l'univers entier à son art.
» Il peint tous les tableaux par des sons ; il fait par-
» ler le silence même ; il rend les idées par des sen-
» timens, les sentimens par des accens, et les pas-
» sions qu'il exprime, il les excite au fond du
» cœur. La volupté, par lui, prend de nouveaux
» charmes, la douleur qu'il fait gémir, arrache des
» cris ; il brûle sans cesse, et ne se consume jamais.
» Il exprime avec chaleur les frimats et les glaces ;
» même en peignant les horreurs de la mort, il
» porte dans l'ame ce sentiment de vie qui ne l'a-
» bandonne point, et qu'il communique aux cœurs
» faits pour le sentir. Mais hélas ! il ne sait rien
» dire à ceux où son germe n'est pas, et ses prodiges

enchanteur qu'il orne d'une musique plus enchanteresse encore , mais dont l'envie osa tenter de lui enlever le mérite de l'invention (1).

Tel est le sort de l'homme ; il donne lui-même des armes à ses persécuteurs :

» sont peu sensibles à qui ne les peut imiter. Veux-
» tu donc savoir si quelque étincelle de ce feu dévo-
» rant t'anime ? Cours, vole à Naples écouter les
» chefs-d'œuvres de Léo, de Durante, de Jommelli,
» de Pergolèse. Si tes yeux s'emplissent de larmes ,
» si tu sens ton cœur palpiter, si des tressaillemens
» t'agitent, si l'oppression te suffoque dans tes trans-
» ports, prends le Métastase et travaille ; son génie
» échauffera le tien ; tu créeras à son exemple : c'est
» là ce que fait le génie , et d'autres yeux te rendront
» bientôt les pleurs que tes maîtres t'auront fait verser.
» Mais, si les charmes de ce grand art te laissent
» tranquille , si tu n'as ni délire, ni ravissement ,
» si tu ne trouves que beau ce qui transporte , oses-
» tu demander ce qu'est le génie ? homme vulgaire ,
» ne profane point ce nom sublime. Que t'importe-
» roit de le connoître ? tu ne saurois le sentir : fait
» de la musique française. « Voyez le Dictionnaire
de musique de Rousseau , art. GÉNIE.

(1) Le bruit se répandit dans le public que Jean-
Jacques n'étoit pas l'auteur du Devin du village.
« Comme je ne fus jamais un grand croque-note ,
» dit-il, je suis persuadé que sans mon Dictionnaire

tel fut celui des Aristide, des Socrate, des Caton, et dans des temps moins reculés de cette foule d'hommes illustres, victimes innocentes d'un orgueil humilié. Telle fut la destinée de Rousseau, de publier des vérités utiles et d'être regardé comme un homme à paradoxes, comme un sophiste de mauvaise foi. Sa lettre sur la musique française, lui causa des disgraces auxquelles il fut extrêmement sensible (1), mais il s'en consola dans la solution d'une nouvelle question non moins importante que la première ; il s'agissoit de savoir quelle étoit l'origine de l'inégalité parmi les hommes, et si cette inégalité étoit

---

» on auroit dit à la fin que je ne la savois pas ; je ne » prévoyois guères encore qu'on le diroit enfin mal- » gré le Dictionnaire. » Voy. ses confess. Tom. III, L. VIII.

(1) Le Devin du village avoit procuré à Rousseau son entrée gratuite à l'opéra ; mais à peine eût-il fait paroître sa lettre sur la musique Française, que l'Académie de Musique l'en exclut publiquement. Lettre de Rousseau, écrite de Montmorenci le 5 avril 1759.

autorisée par les loix de la nature.

Avant d'entrer en matière, Rousseau se suppose dans le lycée d'Athènes, ayant les Platon et les Xénocrate pour juges, et le genre humain pour auditeur. Il remonte ensuite aux siècles les plus reculés pour trouver l'homme de la nature; il le voit sans aucune espèce d'industrie, sans l'usage de la parole, sans guerre, sans domicile, errant dans les bois parmi les animaux, qu'il surpasse plus en adresse qu'ils ne le surpassent en force; n'ayant à craindre dans l'Univers d'autres maux que la douleur et la faim, et ne connoissant d'autres biens que la nourriture, une femelle et le repos. Borné uniquement au physique de l'amour pour la reproduction de l'espèce, porté naturellement à la pitié, pensant peu, et n'ayant ni prévoyance ni curiosité; faisant presque son unique soin de sa conservation, vivant en lui-même, et s'éteignant peu-à-peu et sans qu'il s'en apperçoive.

Tels sont les rapports sous lesquels le citoyen de Genève considère l'homme physique, il l'envisage ensuite du côté métaphysique et moral; il le voit doué de la faculté de se perfectionner et de remplir tous les devoirs de la nature; mais que de causes accidentelles n'a-t-il pas fallu pour le tirer de cette enfance heureuse à laquelle la nature l'avoit dévoué; combien de temps ne s'est-il pas écoulé avant qu'il ait pu connoître d'autre feu que celui du ciel, et comment il falloit cultiver la terre, semer les grains et planter les arbres.

Je ne suivrai point Rousseau dans les développemens successifs qu'il trace à l'esprit humain; mais je contemplerai avec lui l'homme croissant avec les siècles, se rendant agile à la course, vigoureux au combat, surmontant tous les obstacles de la nature, portant ses regards sur lui-même, et commençant à découvrir les rapports qu'il a avec ses semblables, sans cesser cependant de se contenter d'une simple chaumière, de se parer de plumes et de coquillages, et de vivre sain, libre et heureux. Cette époque paroît être à Rousseau la jeunesse du monde ; tous les pas ultérieurs que les hommes font pour atteindre à la perfectibilité lui paroissent autant de pas vers la décrépitude de leur espèce. Heureux âge où l'inégalité est à peine sensible ! jour de l'âge d'or, vous ne fîtes que briller un moment, ne deviez vous laisser dans notre souvenir que le regret inutile de vous avoir perdu pour jamais.

Après avoir parcouru les différentes époques où l'homme peut espérer de vivre sain et heureux sur la terre, il passe aux causes de l'inégalité des conditions. L'origine en fut établie dès l'instant qu'un homme eut besoin du secours d'un autre, dès qu'on s'apperçut qu'il étoit utile à un seul d'avoir des provisions pour deux ; l'égalité disparut, la propriété s'introduisit, et l'on vit bientôt

B

l'institution des tribunaux, l'invention des arts, les progrès des langues, l'épreuve des talens, la diversité des passions, l'inégalité des fortunes, l'abus des pouvoirs, les usurpations, le brigandage, enfin le changement du pouvoir légitime en pouvoir arbitraire.

Non, il n'existe pas de morceaux d'éloquence comparable à ce discours, devenu l'histoire de l'espèce humaine. La poésie n'offre rien de plus harmonieux ; jamais l'amour de l'humanité ne prit un langage plus énergique. Comme Rousseau y est grand, avec quelle force il s'élève au-dessus des opinions vulgaires quand il considère le contraste qu'il y a entre les vues salutaires de la nature, et l'ouvrage fragile des hommes. Si l'on peut douter de la vérité de son système, si l'inégalité des conditions ne dérive point de l'établissement même de la société ; nous n'en devons pas moins des éloges à l'écrivain célèbre qui a traité avec tant d'énergie un sujet d'une si haute importance.

Génie admirable même dans ses erreurs, Rousseau ne connut d'autre mo-
bile que l'indépendance, l'amour du
bien public et de la vérité et l'obéis-
sance à la loi dont il ne s'écarta jamais.
Qui mieux que lui sut donner plus
d'intérêt aux sujets les plus graves,
et éclaircir les questions les plus abstraites, quelle force de raisonnemens
dans sa lettre sur les spectacles. Ce
n'est point par des argumens captieux,
par de vaines déclamations qu'il attaque ces sortes d'établissemens plus
agréables qu'utiles. C'est avec des
armes bien plus fortes qu'il défend
sa patrie des pièges que lui tendent
la corruption et la servitude (1). »

---

(1) Voltaire, amateur passionné du spectacle,
vouloit, ainsi que plusieurs autres philosophes, faire
établir un théâtre à Genêve. D'Alembert se chargea
de développer, dans son article *Genéve* de l'Encyclo-
pédie, les raisons qui devoient porter les Génevois à
adopter ce projet si funeste pour eux. Rousseau sen-
tit le coup, et s'en plaignit publiquement à d'Alembert. « Je n'exposerai point ici, lui dit-il, mes

Il pose d'abord en principe que les spectacles sont faits pour le peuple, et que leur objet principal est de lui plaire. Voilà d'où naît la diversité des spectacles selon les goûts divers des nations. Un peuple intrépide doit conséquemment desirer des combats périlleux ou brillent la valeur et le sang-froid, un peuple féroce veut du sang et des passions atroces, un peuple voluptueux et galant veut de l'amour, de la musique et des danses.

Il examine ensuite si les spectacles sont bons ou mauvais en eux-mêmes. En certains lieux ils lui paroissent

---

» conjectures sur les motifs qui ont pu vous porter » à nous proposer un établissement si contraire à nos » maximes; quelles que soient vos raisons, il ne s'a- » git pour moi que des nôtres; et tout ce que je me » permettrai de dire à votre égard, c'est que vous » serez sûrement le premier philosophe qui jamais » ait excité un peuple libre à se charger d'un spec- » tacle public. » Qu'auroit-il dit de la multitude de ceux qui existent à Paris ?

utiles pour attirer les étrangers, pour augmenter la circulation des espèces, pour exciter les artistes, pour varier les modes, pour occuper les géns trop riches ou aspirant à l'être, pour les rendre moins malfaisans, pour distraire le peuple de ses misères, et pour maintenir et perfectionner le goût quand l'honnêteté est perdue; en d'autres lieux, ils ne peuvent servir, selon lui, qu'à détruire l'amour du travail, à décourager l'industrie, à ruiner les particuliers, à leur inspirer le goût de l'oisiveté, à leur faire chercher les moyens de vivre sans rien faire, à rendre un peuple inactif et lâche, à l'empêcher de voir les objets publics dont il doit s'occuper, à tourner la sagesse en ridicule, et à substituer un jargon de théâtre à la pratique de toutes les vertus (1).

Que ne puis-je m'arrêter sur tous les

____

(1) Voyez sa lettre à d'Alembert.

passages de cette lettre inimitable, et qui plaça Rousseau au rang des meilleurs écrivains du dix-huitième siècle. Quelle touche vivifiante dans le tableau de ce peuple franc de toute espèce de contributions, cultivant avec soin des biens dont le produit est pour lui, et employant le loisir que cette culture lui laisse à faire des ouvrages que lui suggère le génie inventif qu'il a reçu de la nature (1), avec quels traits de feu Rousseau y approfondit l'influence des loix sur les mœurs, et comment un

(1) Voyez la description charmante qu'il fait du peuple montagnon : « Jamais menuisier, serrurier, » vitrier, tourneur de profession, n'entra dans le » pays, dit-il, tous le sont pour eux-mêmes, aucun » ne l'est pour autrui; dans la multitude de meubles » commodes qui composent leur ménage et parent » leur logement, on n'en voit pas un qui n'ait été » fait de la main du maître. Ils font des syphons, des » aimans, des lunettes, des pompes, des baromê- » tres, des chambres noires; leurs tapisseries sont » des multitudes d'instrumens de toute espèce; vous » prendriez le poële d'un paysan pour un attelier de » mécanique et pour un cabinet de physique expéri-

gouvernement mal-intentionné peut avoir prise sur les loix par l'opinion publique. Si son zèle le rendit injuste envers une classe de citoyens estimables trop long-temps victimes de nos préjugés, ne lui en faisons plus un crime; le temps a pris soin de réparer son erreur.

Je passe rapidement à un objet qui pèse au sentiment dont je suis pénétré! l'esprit de bisarrerie et de contradiction seroit-il attaché au sort des bien-

---

» mentale : tous savent un peu dessiner, peindre,
» chiffrer; la plupart jouent de la flûte, plusieurs
» ont un peu de musique et chantent juste. Ces arts
» ne leur sont point enseignés par des maîtres, mais
» leur passent, pour ainsi dire, par tradition. De
» ceux que j'ai vu savoir la musique, l'un me disoit
» l'avoir apprise de son père, un autre de sa tante,
» un autre de son cousin; quelques-uns croyent l'a-
» voir toujours sue. Un de leurs plus fréquens amu-
» semens est de chanter avec leurs femmes et leurs
» enfans les pseaumes à quatre parties, et l'on est
» étonné d'entendre sortir de ces cabanes champê-
» tres l'harmonie forte et mâle de Goudimel, depuis
» si long-temps oubliée de nos savans artistes. »

faiteurs du monde ? Rousseau écrit contre les sciences , et développe toutes les lumières de l'esprit humain. Il brise tous les liens de la société , et établit en même temps les principes du Pacte social. Il prétend que la langue française n'est point propre à la musique, et orne d'une musique divine un intermède français. Il attaque les spectacles , et déjà le marbre respire au feu dont il anime Pygmalion (1).

Si quelque chose peut justifier la mémoire de Rousseau de ces sortes de contradictions, c'est, comme il le dit lui-même , qu'on ne le vit jamais briguer le suffrage du public , rabaisser les grands hommes de son siècle pour s'élever à

____

(1) C'est là qu'il peint les transports , les vœux , les désirs , la rage d'une passion vaine. Quel feu dans cette image de l'amour ! « Et toi , dit-il , sublime es-
» sence qui te cache aux sens, et te fait sentir aux
» cœurs !... Ame de l'univers, principe de toute
» existence, toi qui donne l'harmonie aux élémens,
» la vie à la matière, le sentiment aux corps, et la
» forme à tous les êtres... Feu sacré, céleste Vénus!

leur niveau, et encenser les femmes qui donnent le ton ; l'amour de la réputation ne lui fit jamais oublier l'amour de la vertu, encore moins celui de l'humanité.

C'est particulièrement dans son discours sur l'économie politique, qu'il s'occupa du soulagement des peuples. C'est-là qu'il examine comment croissent les besoins d'un Etat, et qu'il trouve que cela arrive moins par une véritable nécessité que par un accroissement de desirs inutiles ; que le goût des conquêtes est une des causes les plus sensibles et les plus dangéreuses de cette aug-

---

» par qui tout se conserve et se reproduit sans cesse !
» Ah ! où est ton équilibre ? où est ta force expan-
» sive ? où est la loi de la nature dans le sentiment
» que j'éprouve.... où est la chaleur vivifiante dans
» l'unanimité de mes vains desirs ?... Tous tes feux
» sont concentrés dans mon cœur, et le froid de la
» mort reste sur ce marbre ; je péris par l'excès de
» vie qui lui manque. Déesse de la beauté, épargne
» cet affront à la nature, qu'un si parfait modèle soit
» l'image de ce qui n'est pas. »

mentation de besoin ; que ce goût n'est pas toujours ce qu'il paroît être , et n'a pas tant pour véritable motif le desir apparent d'agrandir la nation que le desir caché d'augmenter au dedans l'autorité des chefs , à l'aide de l'augmentation des troupes , et à la faveur de la diversion que font les objets de la guerre dans l'esprit des citoyens (1).

C'est-là où l'on voit que le fondement du Pacte social est la propriété , et sa première condition , le maintien de chacun dans la paisible jouissance de ce qui lui appartient ; que la plus importante maxime de l'administration des finances , est d'une part de réprimer le vice et sur-tout le luxe si funeste dans une République (2) , et de l'autre

____

(1) Voyez son discours sur l'économie politique.

(2) Ce fut par ce seul moyen que Sully vint à bout, en moins de 15 ans, de changer la face de la France. Il amortit 350 millions de dettes et laissa 40 millions dans les coffres du roi. A la verité il joignit à ce moyen celui toujours efficace de l'économie, non pas de cette économie frivole qui consiste à retran-

de travailler avec beaucoup plus de
soin à prévenir les besoins qu'à augmenter les revenus ; que le secours qui
ne vient qu'après le mal, laisse toujours l'état en souffrance ; que la nation finit par être obérée, le peuple
foulé ; et alors le gouvernement perdant
toute sa vigueur, ne fait plus que peu de
choses avec beaucoup d'argent ; c'est-là
où l'on voit comment un gouvernement
attentif et bien intentionné, veillant
sans cesse à maintenir ou rappeler chez
le peuple, l'amour de la liberté et des
bonnes mœurs, prévient de loin les maux
qui résultent tôt ou tard de l'indifférence
des citoyens pour le sort de la patrie, et
sait contenir dans d'étroites bornes cet
intérêt personnel qui isole tellement les
particuliers, que l'état s'affoiblit par

---

cher quelques petites dépenses, mais cette économie
toute puissante, qui gouverne les trésors d'un empire, qui établit l'ordre, qui prévient les dissipations,
et qui applique tout entier aux besoins de l'état, ce
qui est la substance et le sang de l'état même....
(Voyez l'éloge de Sully, par Thomas.)

leur puissance, et n'a rien à espérer de leur bonne volonté ; que par-tout où le peuple aime son pays et respecte la loi, il reste peu de chose à faire pour le gouverner et le rendre heureux ; que la vertu et la probité sont les seuls instrumens efficaces dans l'administration générale des finances, que la comptabilité sert moins à déceler les infidélités qu'à les couvrir, et que la prudence n'est jamais aussi prompte à imaginer de nouvelles précautions, que la friponnerie à les éluder. Heureuse la nation, qui sait confier ses finances à un magistrat probe, laborieux, économe, et qui préfère en tous temps les droits sacrés de la justice aux faveurs de l'opinion (1).

Ici commence à se développer l'influence que Rousseau eut véritablement sur son siècle, et dont les effets se sont déjà fait sentir sous les deux hémisphères. Cette influence est particulièrement marquée dans le Contrat so-

______

(1) Voy. son discours sur l'économie politique.

cial ; ouvrage immortel que les Solon et les Lycurgue n'auroient pas désavoués. Rien n'est si simple et si imposant que la manière dont l'auteur s'y prend pour jetter les fondemens de l'ordre social. Ce n'est ni dans les livres sains, ni dans les préjugés des peuples, qu'il puise ses principes, c'est dans la nature même des choses. Il prend l'homme au moment où ses facultés intellectuelles le mettent à même de s'unir à ses semblables par une convention expresse ; de cet acte public d'association, naît un corps moral et collectif en qui réside la souveraineté et le droit exclusif de faire la loi ; mais pour la faire cette loi, il faut un législateur impassible comme elle, un homme extraordinaire par son génie et son emploi ; ennemi de la fortune, de l'ambition et de l'intrigue, amant sincère de la vérité, qui réunisse une morale bienfaisante à une saine politique, qui porte dans son cœur le carac-

tère indélébile de la vertu ; enfin qui se
sente en état de changer la destinée des
hommes par des liens fondés sur la
sagesse qui peut seule les rendre durables.

De l'établissement de la loi, Rousseau
passe aux moyens de la mettre en acti-
vité. Il ne lui paroît ni bon ni utile que
celui qui fait les loix les exécute, ni que
le corps du peuple détourne son atten-
tion des vues générales pour les donner
aux objets particuliers. Rien n'est plus
dangereux, selon lui, que l'influence
des intérêts privés dans les affaires pu-
bliques. Pour éviter ces inconvéniens,
il confie l'exécution de la loi à un corps
intermédiaire, qu'il appelle gouvernement ; et pour que ce gouvernement
soit bon, il veut qu'il soit constamment
en force relative à celle des autres parties de l'état, c'est-à-dire, qu'il y ait
égalité entre le produit ou la puissance
du gouvernement pris en lui-même, et
le produit où la puissance des citoyens

qui sont souverains d'un côté et sujets de l'autre. Enfin que si le peuple est plus nombreux, le gouvernement soit plus fort pour le contenir, et que le souverain le soit assez pour contenir à son tour le gouvernement (1). Il balance ensuite les différentes formes des gouvernemens, et finit par donner la préférence au régime électif, sans dissimuler cependant les écueils dont il est entouré, attendu qu'il n'y en a aucun qui tende si fortement et si continuellement à changer de forme, ni qui demande plus de vigilance, de courage et de sacrifices de la part des citoyens ; et pour en faire sentir la solidité, il nous transporte au milieu de ce peuple célèbre qui mettoit sa gloire à élire ses magistrats, et qui sans cesse enflâmé de l'amour de la

____

(1) Il seroit à desirer que quelque politique habile développât le degré de force que le souverain a acquis par la réunion des pays conquis, et par suite celui que le gouvernement à perdu. L'équilibre me paroît rompu depuis cette réunion.

patrie et de la liberté, parvint à faire la conquête du monde et l'admiration de la postérité.

Après avoir ainsi jetté les bases du Code social, Rousseau examine l'étendue de territoire que l'état peut avoir pour se soutenir. Il pose en thèse générale qu'il y a dans tout corps politique, un maximum de force qu'il ne sauroit passer, et duquel il s'éloigne à force de s'agrandir. En général il pense qu'un petit état est proportionnellement plus fort qu'un grand; il en donne pour motifs, 1°. la difficulté d'administrer dans les grandes distances; 2°. les charges et les surcharges qu'il faut nécessairement établir, et qui finissent par épuiser les sujets, et leur faire desirer un nouvel ordre de choses pour être plus heureux; 3°. le peu de ressources qui reste alors pour les cas extraordinaires, telle qu'une guerre contre plusieurs ennemis coalisés, ou l'invasion d'une partie du territoire; 4°. enfin le peu de

soin

soin qui reste au gouvernement pour faire le bonheur du peuple, et pour sa défense au besoin ; ainsi un corps trop grand pour sa constitution, s'affaisse et périt écrasé sous son propre poids ; mais il pense aussi que l'état doit se donner une certaine base, pour résister aux secousses qu'il ne manquera pas d'éprouver, et aux efforts qu'il sera contraint de faire pour se soutenir ; car il en est des Etats comme des tourbillons de Descartes ; ils agissent continuellement les uns contre les autres, et tendent à s'agrandir aux dépends de leurs voisins. C'est au politique habile à trouver les limites les plus avantageuses à la conservation de l'état. Une forte et bonne constitution paroît être à Rousseau la première chose que l'on doit rechercher, et l'on doit plus compter sur la vigueur qui naît d'un bon gouvernement, que sur les ressources que fournit un grand territoire ; au surplus, il fait dépendre les modifications dont ses

C

principes généraux sont susceptibles du nombre, des mœurs et du caractère des habitans.

Rousseau avoit médité trop long-temps les institutions sociales et les loix éternelles de la nature, pour ne pas découvrir les vices attachés à l'essence du gouvernement, et pour ne pas s'oc-cuper des moyens de prévenir la dissolu-tion de l'Etat. Il les trouve ces moyens dans des assemblées nationales, mais pé-riodiques, qui auroient pour unique objet le maintien rigoureux de chaque article du Traité social. Il connoissoit trop aussi le pouvoir de la religion sur les hommes pour ne pas examiner comment elle peut et doit entrer comme partie constitutive dans la composition du corps politique. Il la divise à cet égard en deux espèces ; savoir la religion de l'homme et celle du citoyen. La première ne doit être subor-donnée à aucune autorité, pas même au souverain à qui les sujets ne doivent compte de leurs opinions, qu'autant

qu'elles importent à la communauté ;
ainsi la liberté des cultes doit être pleine
et entière dans tout état bien constitué :
il veut que les dogmes de la seconde
soient simples , en petit nombre , énon-
cés avec précision , sans explication ni
commentaires ; l'existence de la divinité puissante , intelligente , bienfaisante , prévoyante , pourvoyante , la
vie à venir , le bonhenr des justes , le
châtiment des méchaus , la sainteté du
Contrat social et des loix. Il borne les
dogmes négatifs de toute religion , de
toute secte , de toute société philantro-
pique , à l'intolérance.

Un ouvrage sorti du pinceau vigoureux d'un citoyen qui , d'un trait de
génie , traçoit la constitution de tous
les peuples , qui donnoit aux puissances
des leçons de droit public , qui renver-
soit leurs systêmes , qui réduisoit aux
simples élémens du pouvoir légitime ,
cette science politique dont se paroient ,
et se parent encore effrontément tant

de charlatans titrés, devoit produire un grand bouleversement dans les idées. Les uns imbus de préjugés antiques, ne virent dans sa théorie, que les écarts d'une imagination exaltée; d'autres plus réfléchis y découvrirent le germe d'une révolution terrible qui devoit changer le système politique de l'Europe (1); enfin pendant qu'on le jugeoit à Genève digne des honneurs du bûcher (2), il étoit

---

(1) Lorsque je rédigeois cet ouvrage, j'étois persuadé que si la France parvenoit jamais à avoir une constitution libre, sa politique, vis-à-vis des autres puissances, se réduiroit à une simple correspondance avec ses agens à l'extérieur : il paroît évidemment que j'étois dans l'erreur et qu'on n'a rien changé dans ce qu'on appelle les secrets du cabinet. Il me semble cependant que la diplomatie d'un état républicain doit être différente de celle des autres gouvernemens. Lorsque Rome avoit reçu quelque sujet de mécontentement d'un souverain, elle envoyoit un embassadeur pour demander réparation de l'offense ou pour déclarer la guerre. Loyauté, force, voilà la politique qui convient à un peuple libre composé de 30 millions d'ames; secret, jonglerie, voilà celle qui convient au despotime.

(2) Le Contrat social développoit une matière trop

préconisé sur les bords de la Vistule , et méritoit à son auteur d'être choisi pour législateur par un peuple qui défendoit alors courageusement sa liberté expirante (1). Oh ! que cette déférence des polonais dût calmer des peines dans l'ame sensible de Rousseau ; comme il dût être secrètement flatté de se voir en concurrence avec l'auteur des entretiens de Phocion , le célèbre abbé de Mably (2).

---

delicate par elle-même pour n'avoir pas beaucoup d'adversaires ; on ne fut du tout point étonné de le voir proscrire dans le gouvernement que l'auteur préconisoit , et il eut en cela le sort de l'Esprit des loix. « Il fallut, dit d'Alembert, dans son éloge de
» Montesquieu, que les véritables juges eussent eu
» le temps de lire ; bientôt ils ramenèrent la multi-
» tude, toujours prompte à changer d'avis. La partie
» du public qui enseigne, dicta à la partie qui écoute
» ce qu'elle devoit penser et dire , et le suffrage des
» hommes éclairés, joint aux échos qui le répétèrent,
» ne forma plus qu'une voix dans toute l'Europe. »

(1) Je veux parler ici de cette partie du peuple polonais qui vouloit sincèrement recouvrer sa liberté , et qui fut si lâchement trahie par le parti vendu à la cour de Pétersbourg.

(2) La république jetta également les yeux sur

Il ne sortiroit peut-être pas de mon sujet de comparer les moyens différens que ces deux philosophes ont indiqué, mais que le gouvernement polonais, asservi honteusement aux caprices de l'ambitieuse Catherine II, s'est bien gardé de suivre, pour donner à la Pologne un code de loix qui put assurer sa liberté ; je me contenterai d'indiquer les objets sur lesquels ils se sont trouvés d'accord. Ils s'élèvent tous les deux contre l'hérédité au trône, le liberum veto, le défaut de discipline, le pouvoir des magnats, le faste des cours ; mais sur-tout contre les usages corrupteurs des nations voisines : ils attendent tout de la force des loix, de l'empire des mœurs et d'une éducation nationale ; ce n'est ni à des étran-

---

l'abbé de Mably, dont l'ouvrage respire en tout sens l'amour de la patrie et de la liberté. « On ne viole pas » impunément les loix de la nature, s'écrie cet auteur » célèbre ; la terre veut être cultivée par des mains » libres ; la servitude frappe les hommes et les terres » de stérilité. »

gers, ni à des prêtres qu'ils la confient cette éducation, mais à des citoyens distingués par leur probité, leur bon sens et leurs lumières. Ce n'est point dans des amusemens futiles et des préceptes vains qu'ils la font consister, mais dans l'amour de la patrie, les règles de la justice et la pratique de la vertu (1). La nation, s'écrie Rousseau, pourra dater alors sa seconde naissance de la crise terrible dont elle sort, et voyant ce qu'ont fait ses membres encore indisciplinés, elle attendra beaucoup et obtiendra davantage d'une institution bien pondérée; elle chérira, elle respectera des loix qui flatteront son noble orgueil, qui la rendront, qui la maintiendront heureuse et libre, arrachant de son sein les passions qui les

____

(1) On peut définir cette vertu, l'amour des loix et de la patrie. Cet amour demandant une préférence continuelle de l'intérêt public au sien propre, donne toutes les vertus particulières. Voy. l'Esprit des loix, Liv. IV, C. V.

éludent ; elle y nourrira celles qui les font aimer ; enfin se renouvellant d'elle-même, elle reprendra dans ce nouvel âge toute la vigueur d'une nation naissante (1).

Plus on approfondit les idées de Rousseau, plus on les voit empreintes de cette philosophie qui dépouille peu à peu l'homme de ses foiblesses, et en fait un être privilégié ; elle se fait sur-tout sentir dans ces lettres enchanteresses, connues sous le nom de nouvelle Héloïse. Malheur à celui dont le cœur n'a point palpité à la lecture de ce bel ouvrage ; malheur à celui qui est insensible à ses beautés. O Julie ! femme aimante, femme inconcevable, soyez à jamais l'exemple de votre sexe, retracez-nous sans cesse dans vos lettres avec ce charme inexprimable qui règne sur votre personne, la force des passions qui nous asservissent ; représentez-nous

____

(1) Voy. ses considérations sur la Pologne.

sans cesse ce moment où votre ame bienfaisante sacrifie ses jouissances aux devoirs de l'humanité ! inspirez-nous toujours ce goût pour la vie champêtre dont
vous fîtes à Clarens vos délices et vos
amusemens ; dévoilez ces préjugés grossiers favorables à l'adultère et destruc-
teurs de l'ordre social (1). Et toi Edouard
Bomstom, ami fidèle et généreux, ap-
prends à tes semblables qu'il n'y a point
de lâcheté à faire le sacrifice complet
de son amour-propre lorsqu'il s'agit
d'honorer la vérité (2). Vous ne serez
point séparés de cet éloge, charmante
Claire, sensible Saint-Preux, sage et
prudent Wolmar, vous tous dont la

____

(1) Voyez les lettres sur le duel, l'adultère, le sui-
cide et l'ivrognerie.

(2) Je n'ai jamais lu la rétractation d'Edouard sans
attendrissement. Qu'elle peint bien un cœur juste et
sensible. Si jamais cet exemple de modération étoit
mis en pratique, on ne verroit pas des gens estimables devenir les instrumens des préjugés qu'ils doivent détruire. Voyez la nouvelle Héloïse, partie II.
Lettre XII.

bienfaisance est le gage assuré de votre bonheur, que je me plais à contempler la pureté de votre morale, quelle est un puissant attrait pour les ames qui ne sont point étrangères à la vertu.

La nouvelle Héloïse eut le sort de tous les ouvrages qui ont de la célébrité : elle fut critiquée par tous les beaux esprits, même par Voltaire, qui étoit devenu l'ennemi mortel de Rousseau. Malgré tout ce qu'on en a dit, ce roman sera toujours le modèle des romans français (1). Il n'en est point sans doute ou le

____

(1) Exception faite du roman de Dom Quichotte, je n'en connois pas de mieux fait, et qui renferme des vues plus hardies que celui d'Héloïse. Quel a été le but moral de Rousseau ? de montrer que la vie rustique et l'agriculture ont des plaisirs que les riches ne savent point connoître; que ces plaisirs sont moins insipides, moins grossiers qu'ils ne pensent, qu'il y peut régner du goût, du choix, de la délicatesse; qu'un homme de mérite qui voudroit se retirer à la campagne avec sa famille, et devenir lui-même son propre fermier, y pourroit couler une vie aussi douce qu'au milieu des amusemens des villes; qu'une ménagère des champs, peut être une femme

sentiment soit si fortement imprimé, et qui mette si bien en action les détails du cœur humain; il n'en est point qui démontre d'une manière plus séduisante que la vie agricole à des plaisirs bien au-dessus des amusemens des villes; il n'en est point enfin qui prouve aussi clairement qu'on peut avoir des principes de religion sans être hypocrite et de la vertu sans ostentation. Julie séduite dans sa jeunesse, est un exemple frappant de la violence des passions, et Julie vertueuse, devenue épouse, est un triomphe de plus pour la vertu (1).

---

charmante, aussi pleine de graces et de graces plus touchantes, que toutes les petites maîtresses; qu'enfin les plus doux sentimens du cœur y peuvent animer une conversation plus agréable que le langage apprêté de nos sociétés, où les rires mordans et satyriques sont le triste supplément de la gaieté qu'on n'y connoît plus. Voyez la préface de Julie.

(1) On ne finiroit pas si on vouloit détailler toutes les beautés qui se trouvent dans cet ouvrage inimitable. Jamais on a parlé de la divinité avec tant de majesté; les Bossuet, les Fléchier, les Fénélon,

Quelque consolante que soit la morale de Rousseau, quelque célébrité qu'il ait acquise par ses ouvrages, Emile

---

n'ont rien écrit de plus éloquent que ce tableau de l'Être-suprême. « Adorez l'Être éternel ! d'un soufle
» vous détruirez ces fantômes de raison qui n'ont
» qu'une vaine apparence et fuyent comme une
» ombre devant l'immuable vérité ; rien n'existe
» que par celui qui est ; c'est lui qui donne un but
» à la justice, une base à la vertu, un prix à cette
» courte vie employée à lui plaire ; c'est lui qui ne
» cesse de crier aux coupables que leurs crimes se-
» crets ont été vus, et qui dit au juste oublié, tes ver-
» tus ont un témoin ; c'est sa substance inaltérable ;
» qui est le vrai modèle des perfections dont nous
» portons tous une image en nous-mêmes ; nos pas-
» sions ont beau la défigurer, tous ses traits liés à
» l'essence infinie se représentent toujours à la raison
» et lui servent à rétablir ce que l'imposture et l'er-
» reur en ont altéré. Ces distinctions sont faciles, le
» sens commun suffit pour les faire. Tout ce qu'on
» ne peut séparer de l'idée de cette essence, est
» Dieu, tout le reste est l'ouvrage des hommes ;
» c'est à la contemplation de ce divin modèle, que
» l'ame s'épure et s'élève, quelle apprend à mépri-
» ser ses inclinations basses et à surmonter ses vils
» penchans ; un cœur pénétré de sublimes vérité, se
» refuse aux petites passions des hommes, cette gran-
» deur infinie le dégoûte de leur orgueil.... »

est le présent le plus précieux qu'il ait fait aux hommes, mais peu jaloux de leur plaire, il n'a pas cru devoir façonner ses idées sur les principes des autres ; d'adopter leurs opinions, nouvel architecte ; il crée lui-même sa méthode. Il pose d'abord en principe que tout est bien sortant des mains de l'auteur des choses, et que tout dégenère entre celles de l'homme ; sans cela tout seroit encore plus mal ; et notre espèce ne veut pas être façonnée à demi : dans l'état où sont désormais les choses, un homme abandonné dès sa naissance à lui-même parmi les autres, seroit le plus défiguré de tous. Pour rendre son traité d'éducation complet, il se donne un élève imaginaire qu'il nomme Emile ; il le fait nourrir par sa mère, et conseille à toutes les mères de famille de remplir ce premier devoir de la nature, d'où doit découler la réforme des mœurs. Le tracas des enfans qu'on croit importun, devient alors agréable. Il rend le père

et la mère plus nécessaire, plus chèr
l'un à l'autre ; il resserre entre eux le
lien conjugal. Quand la famille est vi-
vante et animée, les soins domestiques
font la plus chère oocupation de la
femme, et le plus doux amusement du
mari, ainsi de ce seul abus corrigé,
résulte bientôt une reforme générale ;
bientôt la nature a repris tous ses droits ;
qu'une fois les femmes redeviennent
mères, s'écrie Rousseau, bientôt les
hommes redeviendront pères et ma-
ris (1).

Emile est-il parvenu à l'âge où le
progrès des forces a passé celui du besoin, où il convient de lui enseigner les
arts de pur agrément, c'est toujours la
nature qui guide le pinceau de Rousseau ; il se garde bien de donner à son
élève un maître à dessiner qui ne lui
donneroit à copier que des imitations,
et ne le feroit travailler que sur des

____

(1) Voy. l'Emile, T. I, L.

dessins; il veut qu'il n'ait d'autre maître que la nature, ni d'autre modèle que les objets; il veut qu'il ait sous les yeux l'original même, et non pas le papier qui le représente, qu'il crayonne une maison sur une maison, un arbre sur un arbre, un homme sur un homme, afin qu'il s'accoutume à bien observer les corps et leurs apparences, et non pas à prendre des imitations fausses et conventionnelles, pour de véritables imitations. Faut-il lui apprendre la musique, il écarte les difficultés attachées à notre manière de solfier; il établit une pratique plus simple et plus claire, en la réduisant à deux modes seulement, dont les rapports sont toujours les mêmes, et toujours indiqués par les mêmes syllabes. Veut-il lui donner une notion des sciences abstraites, il les lui fait apprécier, non par l'opinion, mais par leurs rapports avec leur utilité réelle, car il ne lui importe pas de lui enseigner ce qui est, mais ce qui est utile; ce n'est pas lui qui apprend la géométrie à son élève, c'est son élève qui la lui apprend. Cherche-t-il à lui faire trouver les rapports, une pointe au bout d'un fusil tournant sur un pivot, est le compas dont il se sert pour tracer un cercle ? veut-il lui donner une leçon d'Astronomie, le ciel et la forêt de Montmorenci lui servent de sphère et de collège national.

La nature est pour un instituteur habile, ce qu'est la boussole pour un pilote expérimenté. Que fait Rousseau pour mettre son élève à l'abri des vicissitudes humaines, pour le rendre indépendant et libre ? il lui fait apprendre un métier purement méchanique. L'ordre actuel de la société lui paroît sujet à des révolutions inévitables, qu'il est impossible de prévoir, ni de prévenir ? d'ailleurs tout ce qu'ont fait les hommes, les hommes peuvent le détruire ; il ne voit de caractères ineffaçables que ceux qu'imprime la nature .

Emile

qui ne donne ni titres, ni richesses, ni privilèges, heureux celui qui sait quitter les fonctions qui le quittent et rester homme en dépit du sort.

Emile est-il dans l'adolescence ? a-t-il atteint sa quinzième année ? les passions commencent-elles à agiter ses sens ? pour en affoiblir l'effervescence, si souvent dangereuse, Rousseau dirige adroitement la raison de son élève vers l'humanité ; il lui donne pour la première fois la connoissance parfaite de l'homme moral, dont il lui fait apprécier les rapports avec ses semblables, et déroule à ses yeux tout le systême de l'ordre social.

Est-il temps de parler de religion ? Emile a-t-il assez d'entendement pour concevoir l'idée de la Divinité, l'Être des êtres, l'auteur des merveilles de la nature. Rousseau ne l'agrège à aucune secte, mais par un raisonnement simple et soutenu, il le met à même d'a-

dopter le culte qui lui paroît le plus rai-
sonnable; il lui recommande avec soin
d'être sincère et vrai sans orgueil, pour
ne tromper ni lui ni les autres; de ne
parler aux hommes que selon sa conscience sans s'embarrasser de leurs applaudissemens; de rester toujours fer-
me dans la voie de la vérité sans jamais
se détourner par vanité, ni par foiblesse; d'oser confesser Dieu chez les
philosophes, d'oser prêcher l'humanité
aux intolérans; de dire ce qui est vrai,
de faire ce qui est bien, et de remplir
ses devoirs sur la terre.

La nature arrive-t-elle? Rousseau se
voit-il soumis à l'alternative de favori-
ser les penchans de son élève, ou de
les combattre, d'être son tyran ou son
complaisant? le temps est-il venu de
marier Emile, de lui choisir une com-
pagne, de le rendre membre de la société? que de précaution ne prend il
pas pour lui trouver une épouse qui
réunisse les rapports et les convenances

nécessaires, qui, sans être belle, fasse auprès d'elle oublier la beauté, par ses regards pleins de douceur, sa physionomie touchante et la bonté de son caractère, par ses talens naturels et son application aux travaux de son sexe, par son esprit agréable et solide, sa sensibilité, son amour pour la vertu, et son zèle pour la religion. Ce ne sont ni les dons de la fortune, ni ceux de l'opinion qui dirigent son choix ; c'est toujours la nature qui le conduit. Il ne cherche pas à unir des gens qui ne se conviendront que dans une condition donnée, mais qui se conviendront dans quelque situation qu'ils se trouvent, dans quelque pays qu'ils habitent, dans quelque rang qu'ils puissent tomber : au lieu de destiner dès l'enfance une épouse à Emile, il attend celle que la nature lui destine, et le plaisir de le rendre heureux sur la terre, le récompense assez de ce qui lui en coûte pour le mettre en état de le devenir.

Qu'on ne pense pas cependant que Rousseau unisse Emile à Sophie, sans lui avoir appris auparavant à supporter les peines de l'absence, et lui avoir fait sentir qu'il n'y a point ici bas de bonheur sans courage, ni de vertu sans combat; oui, c'est lorsqu'il le voit le plus épris des charmes de sa maîtresse, qu'il le porte à s'en éloigner, pour revenir plus digne d'elle, recevoir le prix de la fidélité, politique habile qui le met à même de lui faire connoître l'utilité des voyages, de lui faire observer les hommes modifiés par les climats, la diversité de leurs loix, de leurs mœurs et de leurs usages; c'est-à-dire les gouvernemens par tous leurs vices, et les peuples par toutes leurs vertus, et c'est par le fil de ces recherches qu'il le ramène dans sa patrie pour y remplir les devoirs sacrés d'époux et de citoyen.

Tel est le livre ingénieux par lequel Rousseau termina son système de la reforme du genre humain, et s'éleva véritablement au-dessus de son siècle : tel est cet ouvrage immortel dont la gloire s'étend aux deux extrémités du globe ; cet ouvrage qui devoit exciter à la fois le fanatisme et la persécution ; vertueux philosophe, toi qui crut sincèrement que les hommes étoient nés bons, pouvois-tu soupçonner qu'un jour tu serois victime de leur intolérance et de leur mauvaise foi (1)? que tes écrits, enfans de la nature et de la liberté, seroient profanés par la main du bourreau, et consumés par des flammes impies? pouvois-tu penser qu'un jour le parlement de Paris, un prélat catholique, une république qui t'avoit vû naître, ne te laisseroient pour prix de tes travaux laborieux, qu'un exil honteux, ou une mort infâme. *Barba-*

---

(1) Tantôt, dit-il, j'étois un homme noir, et tantôt un ange de lumière. Je me suis vu dans la même année vanté, fêté, recherché même à la cour ; puis insulté, détesté, maudit. (Voyez sa lettre à l'archevêque de Paris.)

*rus hic ego sum quia non intelligor
illis.*

C'est cependant à ces persécutions
inouies que nous devons deux ouvrages
admirables dans le genre polémique,
la réponse au Mandement de l'archevêque de Paris et les lettres de la Mon-
tagne : avec quelle simplicité Rousseau
y défend ses principes et sa conduite,
combien sa modération dût humilier
ses détracteurs. Hélas ! ils n'en furent
que plus acharnés à le persécuter ; mais
éloignons de nous ce souvenir affli-
geant, et pour nous en consoler jet-
tons les yeux sur la vie privée de Rousseau, parcourons son caractère moral
après avoir développé son génie, ne
cachons ni ses vertus, ni ses vices,
montrons le tel qu'il fut au tribunal de
l'opinion.

C'est une vérité démontrée par l'ex-
périence de tous les âges qu'il suffit
d'être né avec un cœur sensible et généreux, et d'éclairer les hommes sur

leurs défauts et leurs préjugés pour en être persécutés ; Rousseau fut le meilleur des mortels, son ame expansive ne s'ouvrit jamais à la haine, et cependant il fut accusé d'être méchant. Rousseau méchant ! eh ! comment auroit-il pu l'être, lui qui ne vivoit que pour aimer ; il ne haïssoit pas même ses persécuteurs. Toutes les époques de sa vie sont marquées par des traits de générosité envers eux (1). Pouvoit-il

______

(1) De tous les ennemis de Rousseau, Voltaire étoit celui qui lui portoit les coups les plus sensibles. Et bien ! voici ce que Rousseau lui écrivoit lors même qu'il avoit le plus à se plaindre de lui. « Je « ne vous aime point, vous m'avez fait les maux » qui pouvoient m'être les plus sensibles, à moi » votre disciple et votre enthousiaste ; vous avez » perdu Genève pour le prix de l'asyle que vous y » avez reçu : vous avez éloigné de moi mes concitoyens pour le prix des applaudissemens que je » vous ai donné parmi eux ; c'est vous qui me ren-» dez le séjour de mon pays insupportable, c'est » vous qui me ferez mourir en terre étrangère, » privé de toutes les consolations des mourans, et » jetté pour tout honneur dans une voirie, tandis » que, vivant ou mort, tous les honneurs qu'un

être méchant celui que l'aspect d'un beau ciel , d'un site agréable, d'une fleur , d'un ruisseau , attendrissoit jusqu'aux larmes, celui qui partageoit son temps entre la musique et l'étude des plantes , et qui ne se nourrissoit que de laitage et de végétaux : Rousseau méchant ! personne, non , personne n'a porté plus loin la modération ; ah ! vous qui le taxez de méchanceté, écoutez ce qu'il dit dans ces momens où l'homme n'a plus d'intérêt à déguiser ses vices, dans ses confessions où il peint si bien l'état de son ame.

» homme peut attendre, vous accompagneront dans
» mon pays; je vous hais enfin ; vous l'avez voulu ,
» mais je vous hais en homme encore plus digne de
» vous aimer si vous l'aviez voulu. De tous les sen-
» timens dont mon cœur étoit pénétré pour vous, il
» n'y reste que l'admiration qu'on ne peut refuser
» à votre beau génie et l'amour de vos écrits; si je
» ne puis honorer en vous que cela, ce n'est pas ma
» faute, je ne manquerai jamais au respect que je
» leur dois, ni au procédé que ce respect exige. »

« Être éternel rassemble autour de
» moi l'innombrable foule de mes sem-
» blables ; que chacun d'eux découvre
» son cœur au pied de ton trône avec
» la même sincérité, et puis qu'un seul
» te dise, je fus meilleur que cet homme
» là. »

Il ne me reste plus qu'à justifier la
mémoire de Rousseau de l'imputation
perfide qu'on lui a faite d'être maté-
rialiste pour pouvoir le perdre ensuite
avec plus de facilité. Sans doute il n'i-
gnoroit point que l'incrédulité n'est
point un crime, et qu'on sera jugé sur
ce qu'on aura fait, et non sur ce qu'on
aura cru ; il pouvoit concevoir comment celui qui n'a jamais cru ne croira
jamais, mais il ne pouvoit se persua-
der comment celui qui a cru peut cesser de croire. Voulez-vous, disoit-il,
rejetter l'intelligence universelle ? les
causes finales vous crèvent les yeux.
Voulez-vous étouffer l'instinct moral ?
la voix interne s'élève dans votre cœur,

y foudroie les petits argumens à la mode, et vous crie qu'il n'est pas vrai que l'honnête homme et le scélérat, le vice et la vertu, ne soient rien, car en rejettant la cause première, et faisant tout avec la matière et le mouvement, on ôte toute moralité de la vie humaine.

Rousseau avoit de la religion; il passa sa vie parmi les incrédules, les aimant, les estimant beaucoup, sans cependant adopter leur doctrine. La philosophie n'ayant sur ces matières ni fonds, ni rives, manquant d'idées primitives et de principes élémentaires, ne lui paroissoit qu'une mer d'incertitudes et de doutes, dont le métaphisicien ne se tire jamais; en consultant la nature il y voyoit cette unité d'intention qui manifeste un principe unique. Mon ami, écrivoit-il au citoyen Verne : « Je crois en Dieu, ce Dieu ne seroit » pas juste si mon ame n'étoit immor- » telle; voilà ce que la religion a d'es-

» sentiel, laissons le reste aux dispu-
» teurs. »

Au surplus il n'est pas étonnant qu'un homme aussi extraordinaire que Rousseau, qui fouloit aux pieds des préjugés aussi vieux que le monde, et qui consacroit ses veilles au bonheur des peuples, eut des ennemis puissans. Le métier d'auteur lui paroissoit bon pour ceux qui vouloient servir les passions des gens qui mènent les autres, et non pour ceux qui vouloient sincèrement le bien de l'humanité; en effet, personne, ce me semble, n'a eu plus de zèle que lui pour la justice, pour la vérité, pour tout ce qui est honnête et bon ! n'a eu des sentimens plus désintéressés, une religion plus douce, plus tolérante, plus pure; n'a fait paroître moins de vues ambitieuses ; et personne, que je sache, n'a été plus persécuté que lui : « Mon ami, disoit-il,
» faites du bien, mais non pas des
» livres. »

De tous les auteurs de son siècle, Rousseau est celui qui a le plus fait pour la postérité, il a répandu dans les ames le feu sacré du patriotisme (1). Comptant parmi ses amis les plus grands hommes de l'Europe, on ne le vit jamais employer leur crédit pour sa fortune et son avancement. Fier de sa pauvreté, vivant uniquement du travail de ses mains, il dédaigna les rangs et les honneurs avec autant de bonne foi que les autres les recherchent, et borna son ambition à bien remplir ses devoirs. Bon citoyen, bon ami, plein de désintéressement (2) et d'humanité, il eut le

---

(1) On peut regarder Rousseau comme le principal auteur de notre révolution. Ses considérations sur le gouvernement de Pologne donnèrent d'abord l'idée d'une réforme générale des abus introduits dans l'ancienne administration ; le Contrat social fit concevoir la possibilité d'établir une république en France. Il eut été à desirer qu'on se fut moins écarté de ses principes salutaires, c'est un malheur que le temps seul pourra réparer.

(1) Le désintéressement de Rousseau est connu de

courage de soutenir les droits du foible
contre les injustices des grands , et de
conserver au milieu d'un peuple cor-

---

tout le monde , il n'a pas peu fallu pour détruire les
faux bruits que ses ennemis avoient répandus sur son
avarice : « Si ceux , dit-il , qui m'accusent de man-
» quer de désintéressement, entendent par-là que je
» ne me verrois pas ôter avec plaisir le peu que je ga-
» gne pour vivre, ils ont raison ; et il est clair qu'il
» n'y a pour moi d'autre moyen de leur paroître dé-
» sintéressé, que de me laisser mourir de faim. S'ils
» entendent que toutes ressources me sont également
» bonnes, et que pourvu que l'argent vienne, je
» m'embarasse peu comment il vient; je crois qu'ils
» ont tort. Si j'étois plus facile sur les moyens d'ac-
» quérir, il me seroit moins douloureux de perdre ,
» et l'on sait bien qu'il n'y a rien de si prodigue que
» les voleurs; mais quand on me dépouille injuste-
» ment de ce qui m'appartient , quand on m'ôte le
» modique produit de mon travail, on me fait un tort
» qui ne m'est pas aisé de réparer ; il m'est bien dur
» de n'avoir pas la liberté de m'en plaindre. Il y a
» long-temps que le public de Paris se fait un Jean-
» Jacques à sa mode et lui prodigue d'une main li-
» bérale des bienfaits dont le Jean-Jacques de Mont-
» morency ne voit jamais rien : infirme et malade les
» trois-quarts de l'année, il faut que je trouve sur le
» travail de l'autre quart, de quoi pourvoir à tout.
» Ceux qui ne gagnent leur pain que par des voies

rompu des mœurs innocentes et l'ame
d'un républicain. C'étoit véritablement
un spartiate au milieu du faste de Ba-
bylone. S'il s'exclut volontairement de
la société (1) , s'il aima mieux vivre
isolé que parmi ses semblables , ne l'at-
tribuons qu'aux différentes vexations
qu'on lui fit éprouver , et qui finirent
par altérer totalement sa santé et lui
donner ce caractère sombre qui ne se
nourristoit plus que de rêveries et de
fictions. Infortuné ! ta position est donc
telle que ne trouvant point ici bas
des mortels dignes de tes affections,
tu sens le besoin de créer pour ton ame

» honnêtes , connoissent le prix de ce pain , et ne
» seront pas surpris que je ne puisse faire du mien de
» grandes largesses. (Voyez le fragment d'une lettre
de Rousseau , écrite de Montmorency , le 5 avril
1759.)

(1) « Je veux oublier les hommes et leurs injusti-
» ces ; je veux m'attendrir chaque jour sur les mer-
» veilles de celui qui les fit pour être bons , et dont
» ils ont si indignement dégradé l'ouvrage.
Lett. de Rousseau à Mme. de Portland.

expansive, un monde imaginaire. Là, dit un écrivain moderne (1), Socrate est vengé, Galilée est absous, Bacon reste un grand homme; là, Cicéron ne craint plus le fer des assassins, ni Demosthène le poison; et là aussi Rousseau, tu braves l'envie et connois le bonheur.

A cette époque se développa entièrement le goût qu'il avoit toujours eu pour la botanique; ainsi que ces philosophes de l'antiquité qui voyagoient dans tous les pays pour acquérir des nouvelles lumières, on vit Rousseau dans des forêts dangéreuses, sur des rochers escarpés, cherchant et déterminant les plantes échappées aux Tournefort et aux Linnœus. (2) La tranquil-

____

(1) Voy. Thomas, Essais sur les éloges.

(2) Quoique la botanique soit l'étude d'un homme oisif et paresseux, elle n'est pas pour cela une science sédentaire, elle demande beaucoup de disposition et de courage. Combien de fois Tournefort n'a-t-il pas failli périr dans ses différentes herborisations!

lité dont il espéroit jouir dans la re-
traite, fut alors troublée par le souvenir
de ses malheurs. L'envie se traîna sur
ses pas, et lui fit appercevoir dans le
lointain une ligue obstinée à le persécuter. De là ses inquiétudes, ses brusque-
ries, ses soupçons qui le rendirent souvent injuste envers des gens estimables
et qui le servoient utilement ; de là aussi
le projet que peut-être il n'auroit jamais
dû concevoir de faire l'aveu public des
égaremens de sa jeunesse, de ses vertus comme de ses vices. Enfin pour me
servir de ses expressions, ce qui n'avoit
eu jamais d'exemple, et n'a eu jusqu'à
présent que de froids imitateurs.

Cependant ce seroit envain qu'on lui
reprocheroit d'avoir déchiré le voile ;
qu'on lui diroit qu'il est un point au
de là duquel un homme ne doit pas

Pour tromper les scélérats qui le dévalisoient quelque-
fois, il étoit obligé de cacher son argent dans du pain
bien noir et bien dur qu'il laissoit au fond de ses
poches.

aller ,

aller ; celui qui n'a d'autre intérêt que d'être vrai, répondroit-il, n'est point tenté de mentir, et il n'y a nul homme sensé qui ne préfère le moyen le plus simple quand il est le plus sûr ; vous aurez beau faire avec vos injures, vous ne m'ôterez point l'honneur d'être un homme vrai en toute chose, d'être le seul auteur de mon siècle et de beaucoup d'autres, qui n'ait dit que ce qu'il a cru. Vous pourrez un moment souiller ma réputation a force de rumeurs et de calomnie, mais elle en triomphera tôt ou tard ; car, tandis que vous varierez dans vos imputations ridicules, je resterai toujours le même, et sans autre art que ma franchise. Ma devise *vitam impendere vero*, vous désolera toujours.

O vous ! que l'étude de la nature conduit à des découvertes utiles à l'humanité, et dont l'assentiment fut l'unique soutien du sage dont je viens de tracer les vertus et les talens ; vous

E

qu'il a rappelés aux devoirs sacrés de la maternité par son éloquence persuasive, vous tous dont il a ranimé les antiques vertus; français, joignez votre voix à la mienne, que nos accents réunis pénètrent en dépit de l'envie jusqu'à l'île des Peupliers, et que les échos d'alentour répètent éternellement ces paroles qui sont devenues l'expression de la commune reconnoissance.

O Rousseau ! vertueux Jean-Jacques, tu fus durant ta vie le défenseur des droits de l'humanité, l'ami des mœurs et l'apôtre de la liberté. Le temps n'est pas éloigné, sans doute, ou la France, dégagée de ses préjugés, reconnoîtra publiquement ce quelle doit à l'homme de la nature et de la verité (1).

---

(1) Les décrets rendus par le Corps Législatif pour honorer la mémoire de Rousseau, justifient cette prédiction.

F I N.

ERRATA.

Page 29 ligne 7 , sains, *lisez* saints.

Page 43 ligne 24, jamais on a parlé, *lisez* jamais on n'a parlé.

Page 44 ligne 29, sublimes vérité, *lisez* sublimes vérités.

Page 48 ligne 21, homhomes, *lisez* hommes.